Impressum
Verlag: BABADADA GmbH, Nedderfeld 112 , 22529 Hamburg
Geschäftsführer / Verlagsleitung: Harald Hof
Druck: Books on Demand GmbH, In de Tarpen 42, 22848 Norderstedt

Imprint
Publisher: BABADADA GmbH, Nedderfeld 112 , 22529 Hamburg, Germany
Managing Director / Publishing direction: Harald Hof
Print: Books on Demand GmbH, In de Tarpen 42, 22848 Norderstedt

shule
xikolo

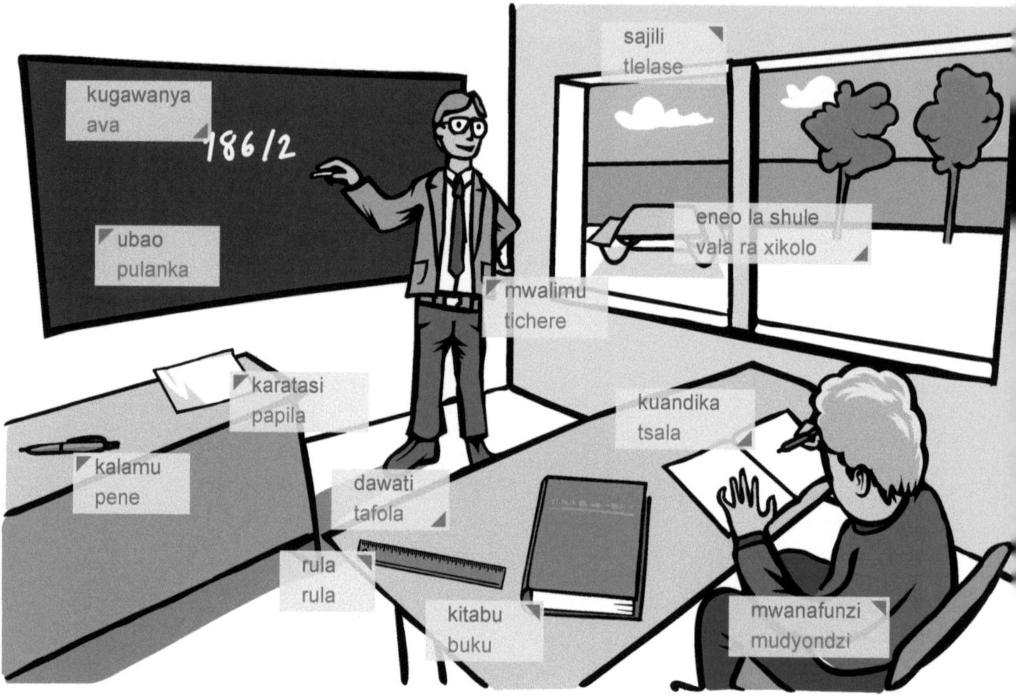

sajili
tlelase
kugawanya
ava
186/2
eneo la shule
vala ra xikolo
ubao
pulanka
mwalimu
tichere
karatasi
papila
kuandika
tsala
kalamu
pene
dawati
tafola
rula
rula
kitabu
buku
mwanafunzi
mudyondzi

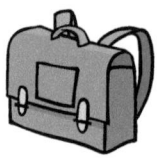

mkoba
xinkwamana

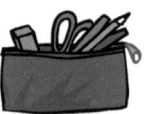

kikasha cha penseli
bokisi ra tipensele

penseli
pensele

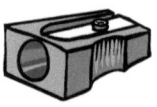

kichonga penseli
muchini wo vatla tipensele

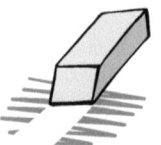

mpira
rhaba

pedi ya kuchora
papilo ro dirowa

uchoraji

xifaniso lexi diroweke

brashi ya rangi

burachi ro penda

sanduku la rangi

bokisi ro penda

mkasi

xikero

gundi

xidamarheti

daftari

buku ya xikolo

kazi ya nyumbani

ntirho wa le kaya

12

nambari

nombhoro

2+2

jumlisha

engeta

5-2

ondoa

susa

2✕2

zidisha

andzisa

kokotoa

hlaya

A

barua

letere

ABCDEFG HIJKLMN OPQRSTU VWXYZ

alfabeti

maletere

neno

rito

maandishi
rungula

kusoma
hlaya

chaki
choko

somo
dyondzo

sajili
tsarisa

uchunguzi
xikambelo

cheti
xitifiketi

sare za shule
swiambalo swa xikolo

elimu
dyondzo

elezo
nsonga-vutivi

chuo kikuu
univhesiti

darubini
makhiriskopu

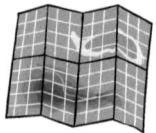

ramani
mepe

kikapu cha kuweka karatasi chafu
xikotela xo lahla maphepha

usafiri
kufamba

hoteli
hotele
hosteli
hositele
ROOMS
Grand
ofisi ya ubadilishanaji
ndhawu yo cinca mali
sanduku
putumendhe
gari
movha

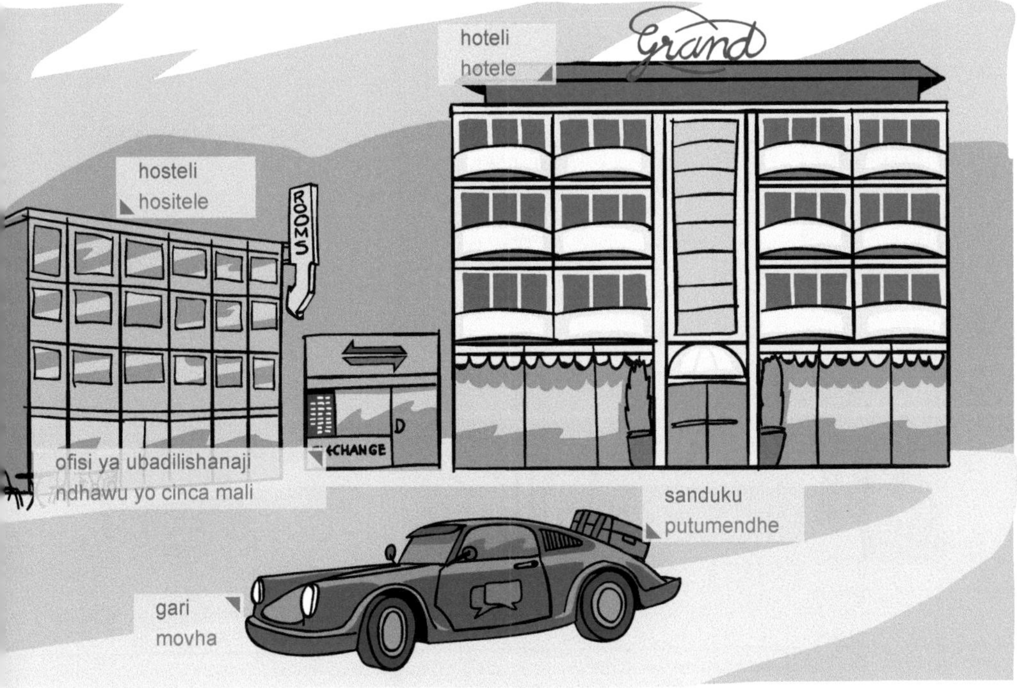

lugha

ririmi

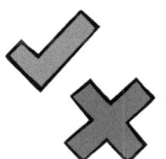

ndiyo / la

ina / e-e

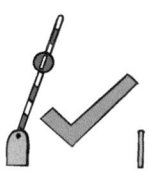

sawa

Swikahle

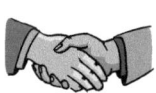

hujambo

ahe

mtafsiri

muhundzuluxeri

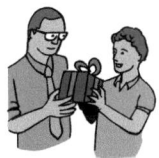

Asante

Ndza khensa

kiasi gani ni ...?

ivungani...?

Sielewi

Andzi twisisi

tatizo

nkinga

Jioni njema!

Riperile!

Habari za asubuhi!

Maxelo ya kahle!

Usiku mwema!

Vusiku bya kahle!

kwa heri

sala kahle

mwelekeo

nkongomiso

mizigo

mindzhwalo

mfuko

nkwama

shanta

nkwama

mgeni

muendzi

chumba

kamara

begi la kulalia

nkwama wo etlela

hema

tende

taarifa ya utalii
uxokoxoko bya vaendzi

ufuo
ribuwa

kadi
khadi ra xikweleti

kifunguakinywa
xifihlulo

chakula cha mchana
swakudya swa ninhlekani

chakula cha jioni
swakudya swa nimadyambu

tiketi
thikithi

kuinua
kheshe

muhuri
xitempe

mpaka
ndzilakana

mila
mikhuva

ubalozi
hovisi ya vuyimeri ya tiko

visa
visa

pasipoti
pasi ro endza

usafiri

swilo swo famba

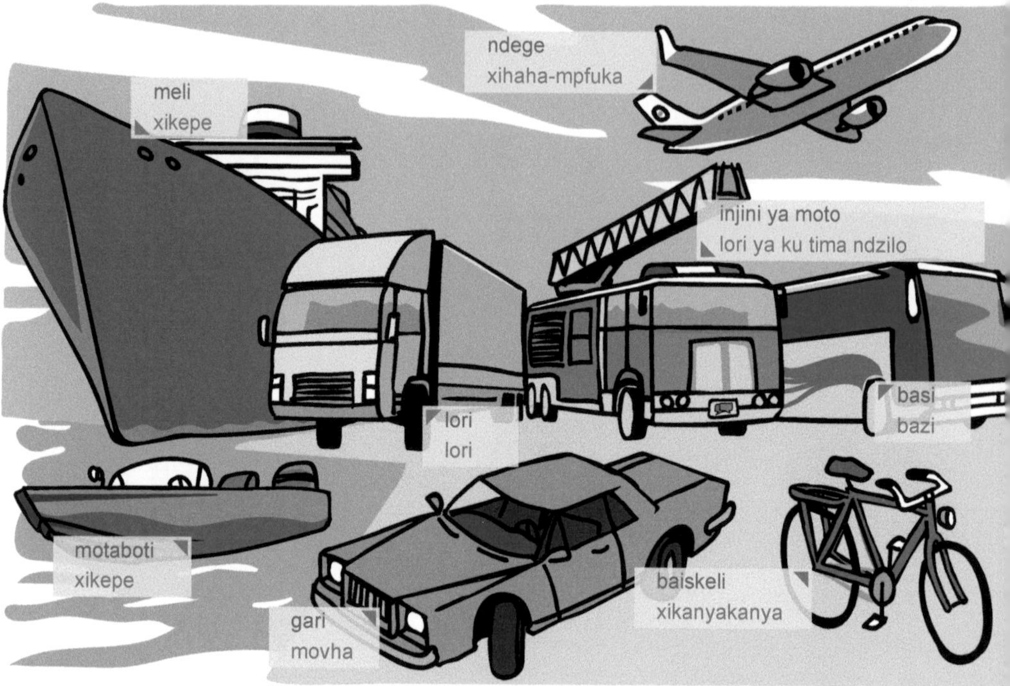
ndege
xihaha-mpfuka
meli
xikepe
injini ya moto
lori ya ku tima ndzilo
lori
lori
basi
bazi
motaboti
xikepe
baiskeli
xikanyakanya
gari
movha

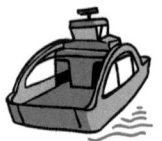

feri
xikepe

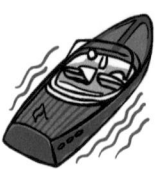

mashua
xikepe

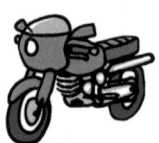

pikipiki
xithuthuthu

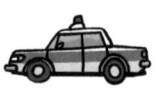

gari la polisi
movha wa maphorisa

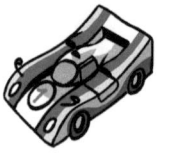

gari la mashindano
movha wa mphikizano

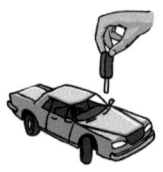

gari la kukodisha
movha yo lombiwa

kushiriki gari

ku avelana hi movha

lori la kuvuta

lori yo koka timovha

ukusanyaji taka

lori yo rhwala chaka

motor

njhini

mafuta

mafurha

kituo cha mafuta

ndhawu yo xavisa petirolo

ishara trafiki

mpfungo wa le patwini

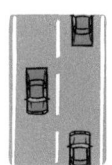

trafiki

mafambelo ya mimovha

msongamano

ntlimbano wa timovha

maegesho

phaki ya timovha

kituo cha treni

xitichi xa xitimela

reli

mintila

garimoshi

xitimela

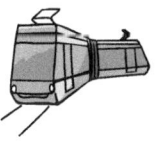

tremu

banzi leri fambaka
exiporweni

gari la mizigo

kalichi

helikopta

xihaha-mpfuka-phatsa

uwanja wa ndege

rivala ra siwhaha-mpfuka

mnara

xihondzo

abiria

mukhandziyi

chombo

bokisi

katoni

bokisi

mkokoteni

kalichi

kikapu

xirhundzi

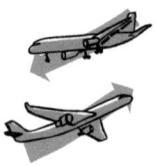

ondoka

suka / tshama

jiji

doroba

kijiji

muti

katikati ya jiji

nkava wa doroba

nyumba

yindlu

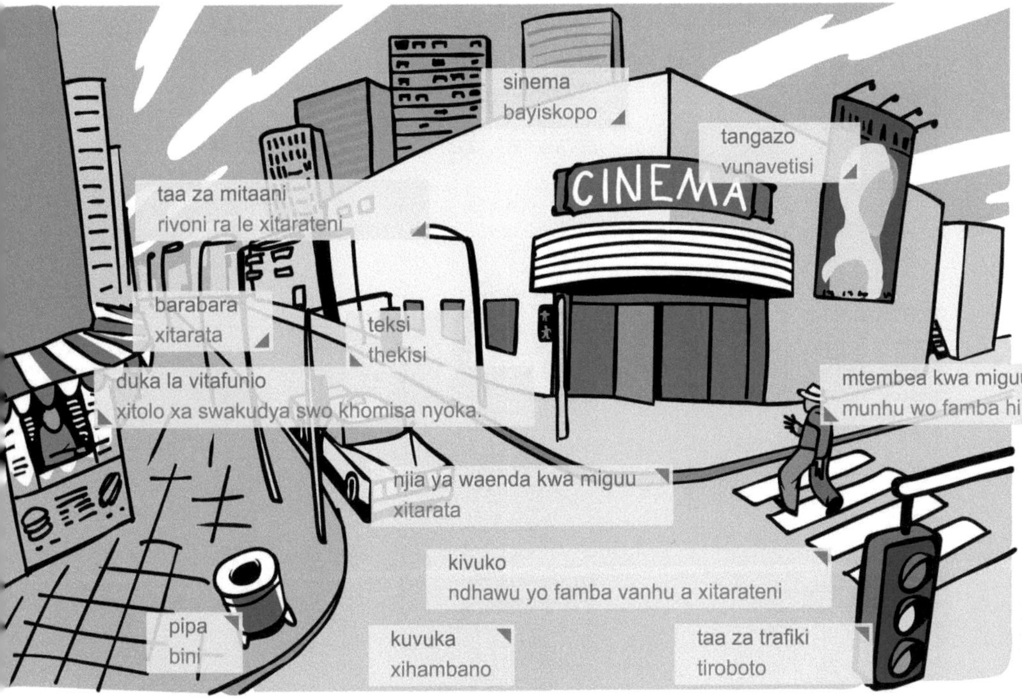

sinema
bayiskopo

tangazo
vunavetisi

taa za mitaani
rivoni ra le xitarateni

barabara
xitarata

teksi
thekisi

duka la vitafunio
xitolo xa swakudya swo khomisa nyoka.

mtembea kwa miguu
munhu wo famba hi

njia ya waenda kwa miguu
xitarata

kivuko
ndhawu yo famba vanhu a xitarateni

pipa
bini

kuvuka
xihambano

taa za trafiki
tiroboto

kibanda
xiyindlwana xa byanyi

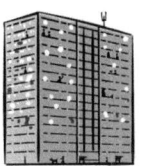

gorofa
yindlu

kituo cha treni
xitichi xa xitimela

ukumbi wa mji
holo ya vanhu

Makavazi
muziyamu

shule
xikolo

jiji - doroba

11

chuo kikuu

univhesiti

benki

bangi

hospitali

xibedlhele

hoteli

hotele

duka la dawa

xitolo xa miri

ofisi

hofisi

duka la kitabu

xitolo xa tibuku

duka

xitolo

duka la maua

xitolo xa swiluva

dukakuu

xitolo le xikulu swinene

soko

makete

idara ya kuhifadhi

xitolo le xikulu

mwuza samaki

xitolo xa tinhlampfi.

kituo cha ununuzi

ndhawu ya switolo

bandari

hlaluko

Hifadhi

phaka

benki

bence

daraja

buloho

vidato

switepisi

chini ya ardhi

ehansi ka misava

handaki

muhocho

kituo cha mabasi

xitichi xa tibanzi

bar

barha

mgahawa

rhesiturente

sanduku la posta

bokisi ra poso

ishara ya barabara

mfungho wa xitarata

mita ya maegesho

muchini wa mali ya ku
phaka

bustani ya wanyama

ntanga wa swiharhi

kidimbwi cha kuogelea

damu ro xambela

msikiti

mosque

shamba
purasi

uchafuzi
nthyakiso

makaburini
masirha

kanisa
kereke

uwanja wa michezo
rivala ra mintlangu

hekalu
tempele

mazingira
ndhawu

jani
tluka

ishara ya mwelekeo
mfungho wa gondzo

njia
ndlela

malisho
byanyi byo tala

jiwe
ribye

mtembeaji wa masafa
munhu wo khandziya tintshava

mti
murhi

mto
nambu

nyasi
byanyi

ua
xiluva

bonde
nkova

kilima
xitsunga

ziwa
tiva

msitu
khwati

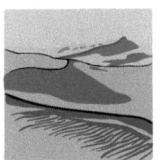

jangwa
mananga

volkano
volkheno

ngome
ntsinda

upinde wa mvua
nkwangulatilo

uyoga
swikowa

mtende
murhi wa nchindzu

mbu
nsuna

kuruka
haha

chungu
vusokoti

nyuki
nyoxi

buibui
puma

mende

xifufunhunu

chura

chele

kuchakuro

maxindyana

nungunungu

nhloni

sungura

mfundla

bundi

xikhova

ndege

xinyenyane

swan

sekwa

nguruwe mwitu

ngluve ya nhova

kulungu

mhunti

aina ya kongoni

mhofu

bwawa

damu

tabo ya upepo

xipelupelu xa moya

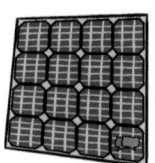

nishaji ya jua

bodo leyi tswongaka kuhisa
ka dyambu

hali ya hewa

maxelo

mgahawa
rhesiturente

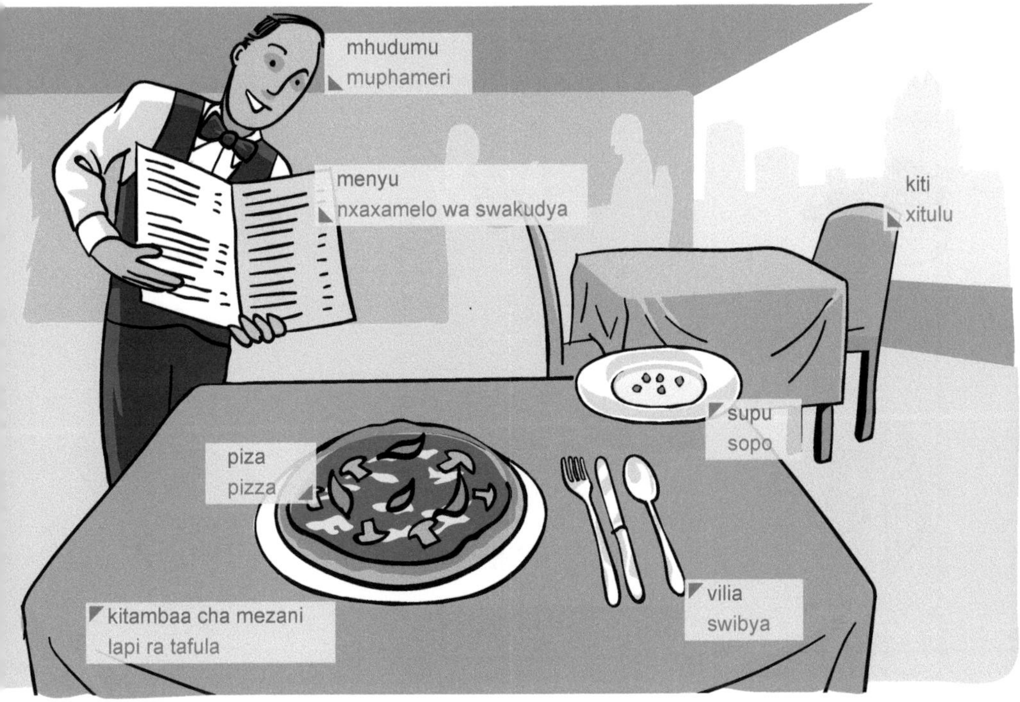
mhudumu
muphameri
menyu
nxaxamelo wa swakudya
kiti
xitulu
supu
sopo
piza
pizza
vilia
swibya
kitambaa cha mezani
lapi ra tafula

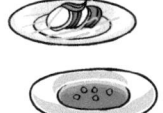

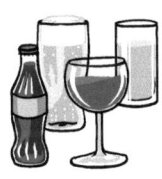

kiamsha hamu
swakudya swa ku naveta

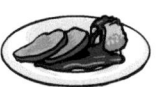

kozi kuu
swakudya

kitindamlo
swo rhelerisa

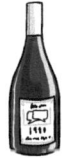

vinywaji
swakunwa

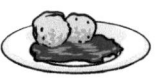

chakula
swakudya

chupa
bodlhela

chakula cha haraka

swakudya swa xihatla

Streetfood

swakudya swa le ndleleni

buli

mbita ya tiya

kisanduku cha sukari

xibye xa chukela

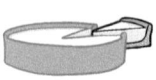

sehemu

xiphemu

mashine ya espresso

muchini wa espresso

kiti kirefu

xitulu xa le henhla

muswada

swikweleti

trei

thireyi

kisu

mukwana

uma

foroko

kijiko

lepula

kijiko cha chai

xilepulana

nepi

phepha ro sula nomu

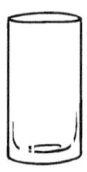

glasi

nghilazi

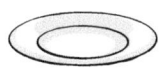

sahani
pleti

sahani ya supu
pleti ya sopo

sufuria
sosara

mchuzi
murhu

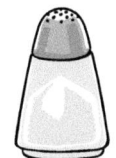

kichanyaji chumvi
xilo xo chele munyu

kinu cha pilipili
xilo xo gaya

siki
vhiniga

mafuta
mafurha

viungo
swinyunyeteri

kechapu
ketchup

haradali
mustard

kachumbari nzito
mayonasi

dukakuu

xitolo le xikulu swinene

ofa maalum
nyiko yo hlawuleka
mteja
muxavi
maziwa
ntsamba
matunda
mihandzu
toroli
xikocikara
FOR

BUTCHERS

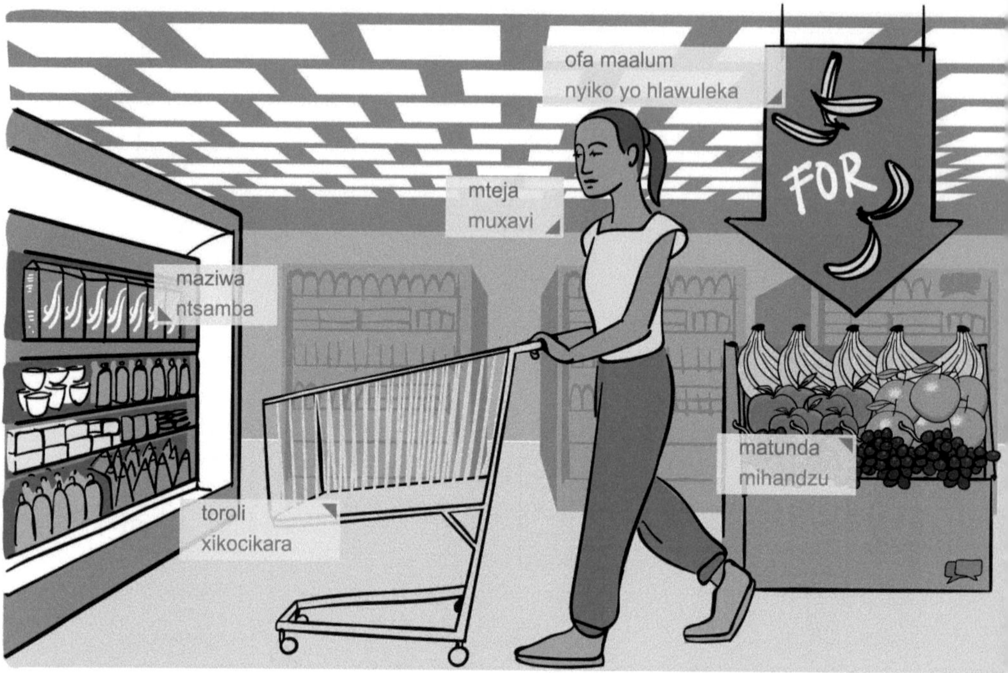

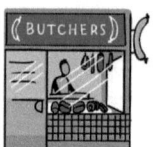

mchinjaji
buchara

BAKERY

mwokaji
bekari

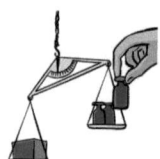

uzito
ringanyeta

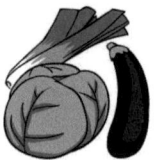

mboga
swimila

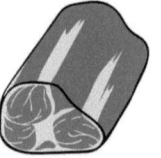

nyama
nyama

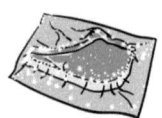

chakula waliohifadhiwa
swakudya swo titimela

pande vya nyama baridi

nyama

chakula cha kopo

swakudya leswi nga thinini

sabuni ya unga

mapa yo hlanswa

pipi

malekere

bidhaa za kaya

switirhisiwa swa le ndlwini

bidhaa za kusafisha

swilo swo basisa

mtu mauzo

munhu wo xavisa

mpaka

thili

keshia

muamukeli wa timali

orodha ya manunuzi

xaxamelo wa swo xaviwa

masaa ya ufunguzi

nkarhi wa ku tirha

mkoba

nkwama wa mali

kadi

khadı ra xıkweleti

mfuko

nkwama

mfuko wa plastiki

nkwama wa pulasitiki

maji

mati

sharubati

ntsutsu

maziwa

meleke

coke

coke

mvinyo

vhinyo

bia

byalwa

pombe

byala

kakao

cocoa

chai

tiya

kahawa

kofi

spreso

espresso

kapuchino

cappuccino

ndizi

banana

tufaha

apula

machungwa

lamula

tikiti

kalabatla

lemon

swiri

karoti

kherotsi

kitunguu saumu

swinyalana

mianzi

musengele

kitunguu

nyala

uyoga

swikowa

karanga

timanga

nudo

makaroni ya nyama

spageti

spaghetti

mpunga

rhayisi

saladi

saladi

vibanzi

machipisi

viazi vya kukaanga

nhlata wo katingiwa

piza

pizza

hambaga

hamburger

sandwichi

xinkwa

kipande

cutlet

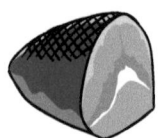

paja la mnyama

ham

salami

salami

soseji

soseji

kuku

huku

choma

katinga

samaki

hlampfi

oats ya uji

oats

muesli

muesli

cornflakes

rivele-ndzoho

unga

filawa

kroisanti

bantsi

andazi

xinkwa

mkate

xinkwa

mkate wa kubanika

xinkwa xo oxiwa

biskuti

makokisi

siagi

botere

maziwa mgando

ribomba ra tswamba

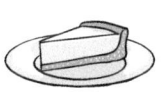

keki

khekhe

yai

tandza

yai kukaanga

matandza lama katingiweke

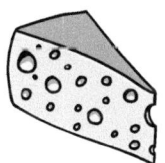

jibini

chizi

aiskrimu

ayisi khrimi

sukari

chukela

asali

vulombe

jemu

jamu

kuenea kwa chokoleti

botere ya chokoleti

mchuzi wa viungo

curry

shamba
purasi

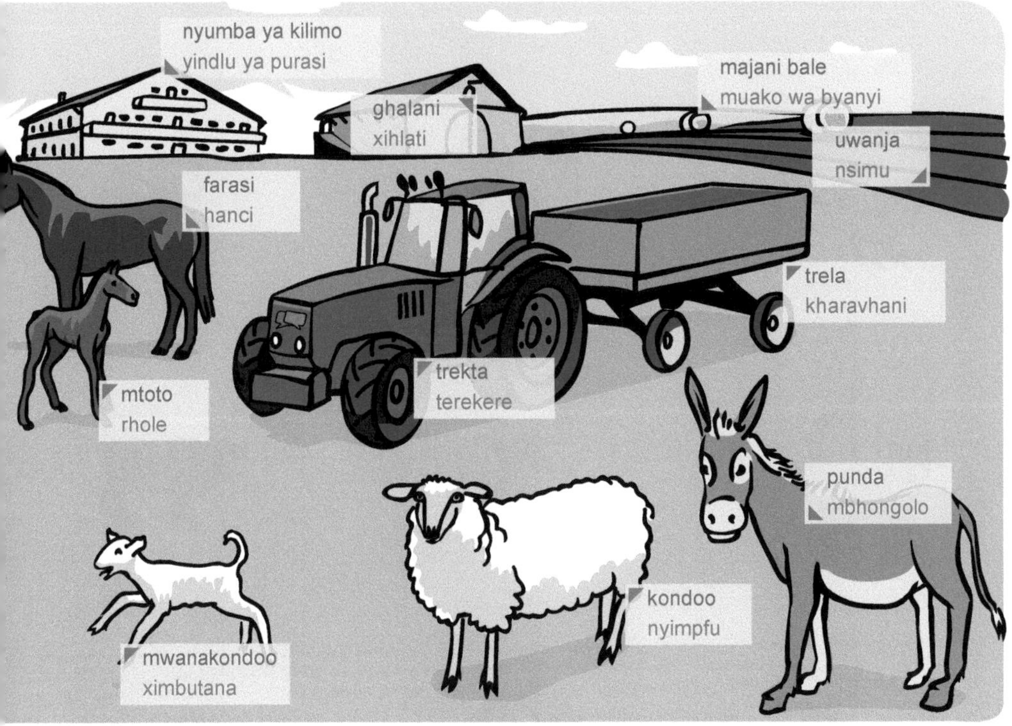

nyumba ya kilimo
yindlu ya purasi
ghalani
xihlati
majani bale
muako wa byanyi
uwanja
nsimu
farasi
hanci
trela
kharavhani
mtoto
rhole
trekta
terekere
punda
mbhongolo
kondoo
nyimpfu
mwanakondoo
ximbutana

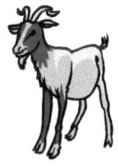

mbuzi

mhunti

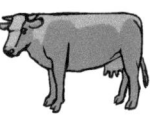

ng'ombe

homu

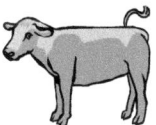

ndama

rhole

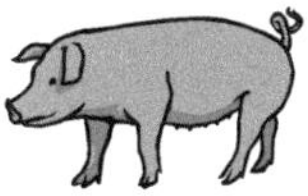

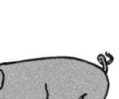

nguruwe

nguluve

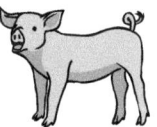

mwananguruwe

xingulubyana

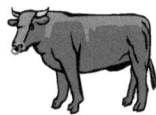

fahali

nkuzi

batabukini

sekwa

bata

sweka

kifaranga

xikukwana

kuku

mbhaha

jogoo

nkuku

panya

kondlo

paka

ximanga

panya

kondlo

ng'ombe

homu

mbwa

mbyana

nyumba ya mbwa

yindlu ya mbyana

bomba la bustani

payipi ya mati

debe la kumwagilia maji

xilo xo chelela mati

fyekeo

nsimbi yo tsema

kulima

xikomu

mundu

sikele

jembe

xikomu

uma wa nyasi

foroko le yikulu

shoka

xihloka

toroli

bara

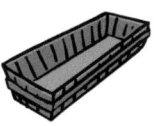

kupitia nyimbo

xitsengele

chombo cha maziwa

xilo xo chela ntswamba

gunia

saka

ua

rirhangu

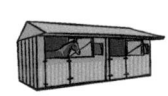

imara

xivala

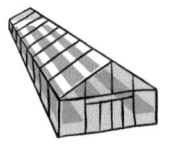

chafu

yindlu ya vuhlayiselo bya
swimilana

udongo

misava

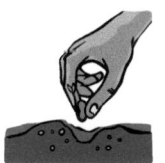

mbegu

mbewu

mbolea

swinonisi

kivunaji

muchini wa ku tshovela

mavuno

tshovela

mavuno

ntshovelo

viazi vikuu

mintsumbula

ngano

koroni

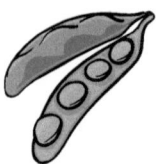

soya

tinyawa

viazi

nhlata

mahindi

koroni

rapa

rapeseed

mti wa matunda

nsinya wa mihandzu

muhogo

ntsumbula

nafaka

swakudya swa tidzoho

nyumba
yindlu

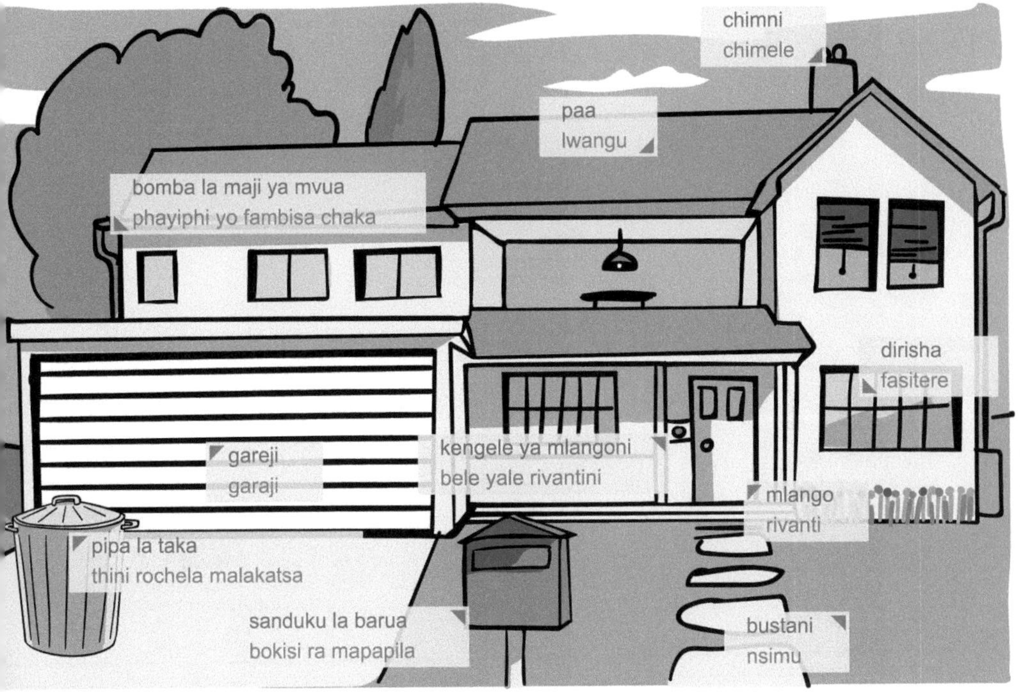

chimni
chimele
paa
lwangu
bomba la maji ya mvua
phayiphi yo fambisa chaka
dirisha
fasitere
gareji
garaji
kengele ya mlangoni
bele yale rivantini
mlango
rivanti
pipa la taka
thini rochela malakatsa
sanduku la barua
bokisi ra mapapila
bustani
nsimu

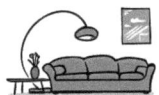

sebuleni

kamara ro tshama

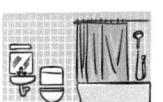

bafu

kamara yo hlambela

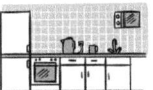

jikoni

khishini

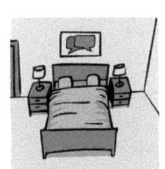

chumba cha kulala

kamera ro etlela

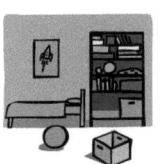

chumba ya mtoto

kamana ya vana

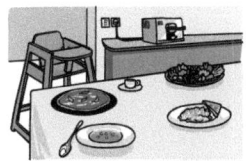

chumba cha kulia

ndhawu yo dyela

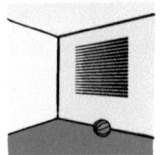

sakafu

ehansi

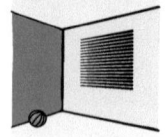

ukuta

khumbi

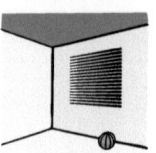

dari

silingi

pishi

kamera ra le hansi

sauna

phungula

roshani

rikupakupa

mtaro

tshala

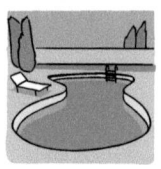

kidimbwi

damu

mashine ya kukata nyasi

muchini wo tsema byanyi

karatasi

nkumba

kitambaa cha kupamba
kitanda

swo andlalela mubedo

kitanda

mubedo

ufagio

nkukulu

ndoo

bakiti

kubadili

swichi

sebuleni

kamara ro tshama

mandhari
phepha ra le khumbini
picha
xifaniso
taa
rivoni
rafu
xelufu
kabati
khabodo
televisheni/runinga
thelevhixini
mekoni
xitiko
ua
xiluva
mto
xikhengele
sofa
sofa
chombo cha maua
mbita
kitenzambali
xilawula-kule

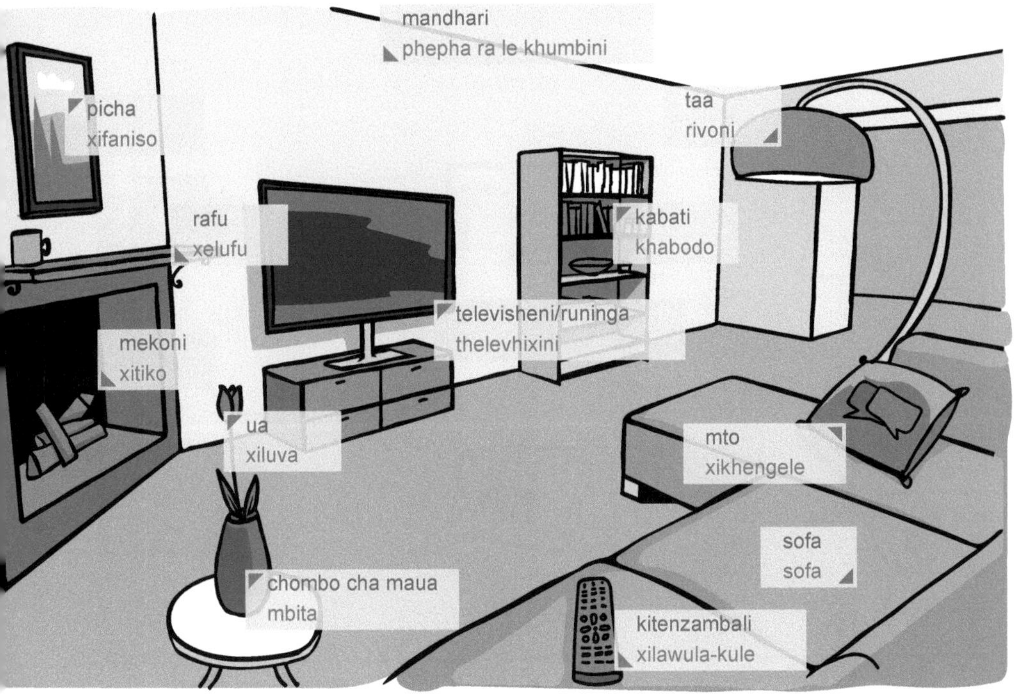

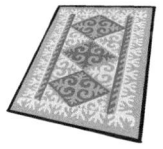

zulia

khapete

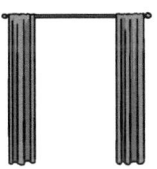

pazia

khethenisi

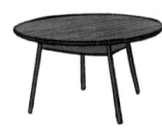

meza

tafula

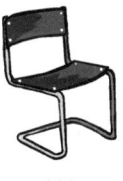

kiti

xitulu

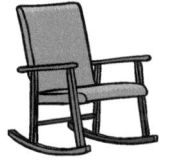

kiti cha bembea

xitulu xo mbuwetela

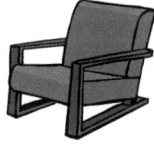

armchair

xitulu xo tlhandleka mavoko

kitabu
buku

blanketi
nkumba

mapambo
nkhaviso

kuni
tihunyi

filamu
filimi

kifaa cha hi-fi
muchini wa hi-fi

ufunguo
xinotlelo

gazeti
phepha-hungu

uchoraji
xifaniso lexi vatliweke

bango
bodo ya xifaniso

redio
xiya-ni-moya

daftari
buku yo tsala tinhla

kifyonza
hoover

dungusi kakati
xiluva xa cactus

mshumaa
khandlela

jikoni
khishini

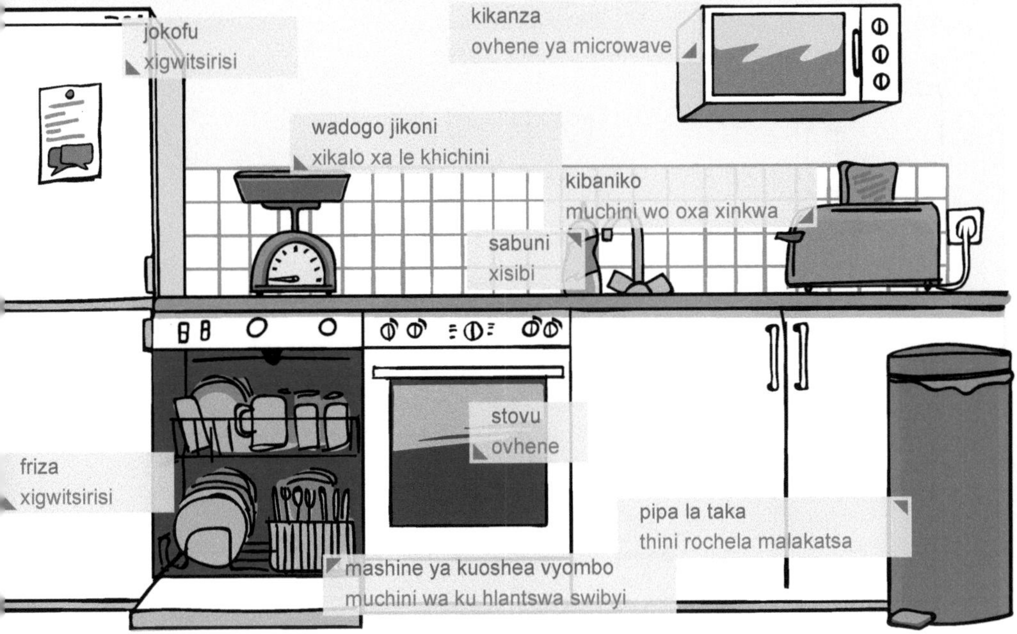

jokofu
xigwitsirisi
kikanza
ovhene ya microwave
wadogo jikoni
xikalo xa le khichini
kibaniko
muchini wo oxa xinkwa
sabuni
xisibi
stovu
ovhene
friza
xigwitsirisi
pipa la taka
thini rochela malakatsa
mashine ya kuoshea vyombo
muchini wa ku hlantswa swibyi

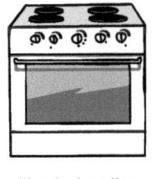

jiko la kupika

mosweki

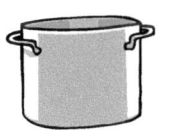

chungu

poto

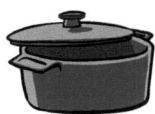

sufuria ya chuma

poto ra nsimbi

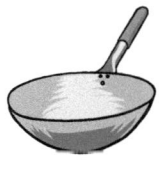

wok / kadai

mbita yo swekela / kadai

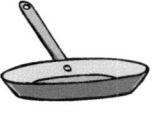

kaango

pani

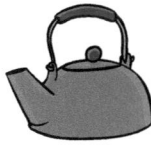

birika

ketlele

stima

xo sweka hi nkahelo

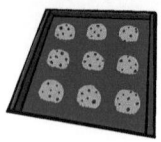

sinia ya kuoka

thireyi ya ku baka

vyombo vya udongo

swibya

kombe

xikomichana

bakuli

ximbitana

vijiti vya kulia

ti-chopstick

ukawa

xipunu

mwiko mpana

spatula

burashi

muchini wo hlanganisa

kichujio

sefo

chujio

xisefo

mbuzi

xilo xo tsemelela

chokaa

xibye

barbeque

nyama yo oshiwa

moto wazi

ndzilo

ubao wa majaribio

bodo ya ku tsemelela

kijiti cha kusukuma unga

mhandzi yo andlala fulawa

kizibuo

xo pfula mabodlhela

kopo

thini

inaweza kopo

xo pfula mathini

kishikio cha chungu

xo khoma poto

karo

zinki

brashi

buracha

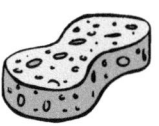

sifongo

xiponci

kisagaji matunda

xilo lexi hlanganiselaka

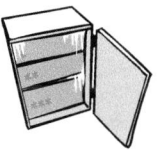

friji ya kina

xigwitsirisi

chupa ya mtoto

bodlhela ra n'wana

bomba

pompi

bafu

kamara yo hlambela

joto
kukufumeta
mfereji wa kuogea
shawara
taulo
thawula
pazia la kuogea
khethenisi ra shawara
maji ya kuoga yenye povu
xisibi xo hlambela a bavhini
hodhi
bavhu
glasi
nghilazi
mashine ya kuosha
muchini wa ku hlantswa
bomba
pompi
vigae
tithayilisi
poti
xihambukelo
karo
zinki

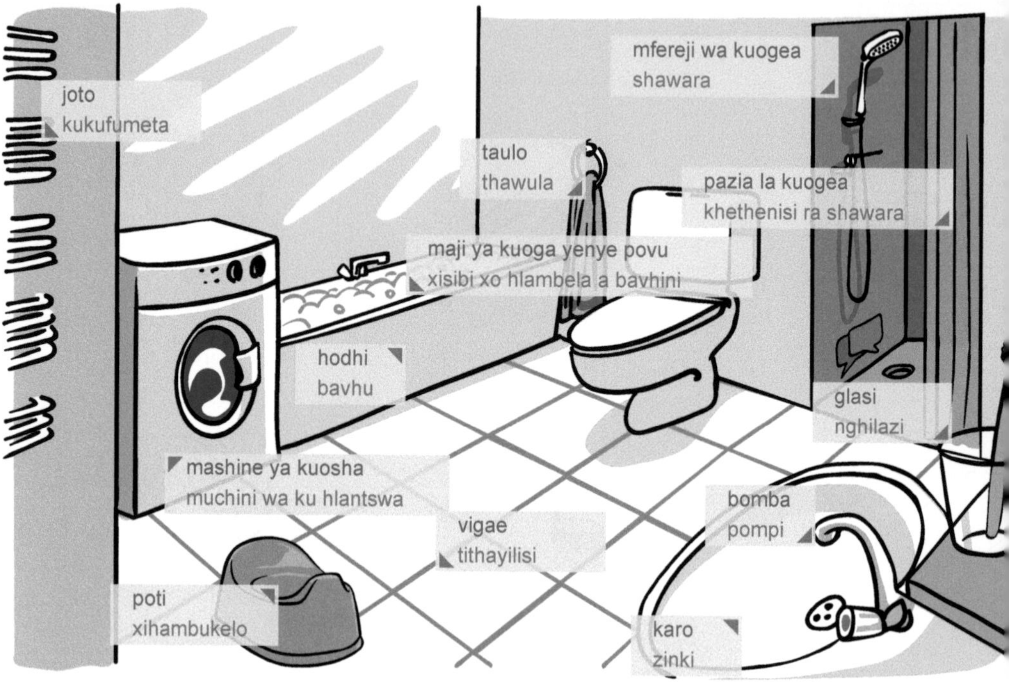

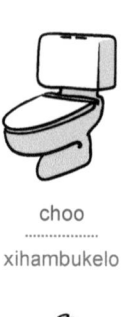

choo
xihambukelo

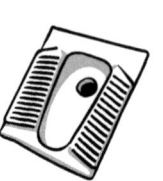

choo cha squat
xihambukelo

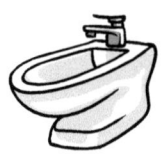

beseni la mviringo
bidet

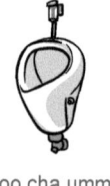

choo cha umma
ndhawu yo tsakamisela

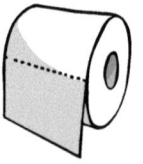

shashi
papila ra xihambukelo

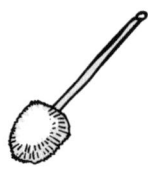

brashi ya choo
burachi bya xihambukelo

mswaki

burachi bya meno

dawa ya meno

xisibi xa meno

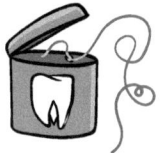

dawa ya meno

xo basisa exikarhi ka meno

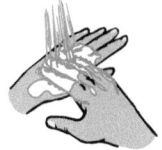

safisha

hlamba

kuoga mkono

xawara yo khomiwa hivoko

msukumo wa maji

douche

bonde

xihlambelo

mpako wa pili

buracha ra nhlana

sabuni

xisibi

jeli ya kuogea

xisibi xa xawara

shampuu

shampoo

flana

swilapana

toa maji

xinambyana

krimu

rivomba

kiondoa harufu

xinhuherisi

kioo

xivoni

kioo mkono

xivoni xo khomiwa hivoko

kinyozi

rikarhi

povu la kunyoa

xisibi so susa malevu

baada ya kunyoa

mafurha ya kutola loku u
heta ku tsemeta malevu

kichana

kama

brashi

buracha

kikausha nywele

muchini wo omisa mosisi

marashi ya nyewele

mafurha yo tola mosisi

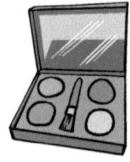

vipodozi

xo tisasekisa

kidomwa

xotota nomo

varnish ya msumari

xo tota minwala

pamba

kotoni

mkasi wa kucha

xo tsema minwala

manukato

xinhuherisi

mkoba wa kuosha

nkwama wa le
xihambukelweni

kinyesi

nchuluko

mizani

xikalo

nguo ya kuoga

nguvu yo hlamba

glavu za mpira

tiglovhu ta raba

kisodo

tampon

sodo

thawula ra ku basisa

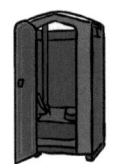

kemikali choo

xihambukelo xa le handle

chumba ya mtoto
kamana ya vana

saa ya kengele
alamu ya wachi
kidoli cha kupakata
xo tlanga sa ku etlela
gari bandia
movha ya ku tlangisa
kelele
xokocokoco
chumba cha midoli
yindlu ya swipopana
sasa
nyiko

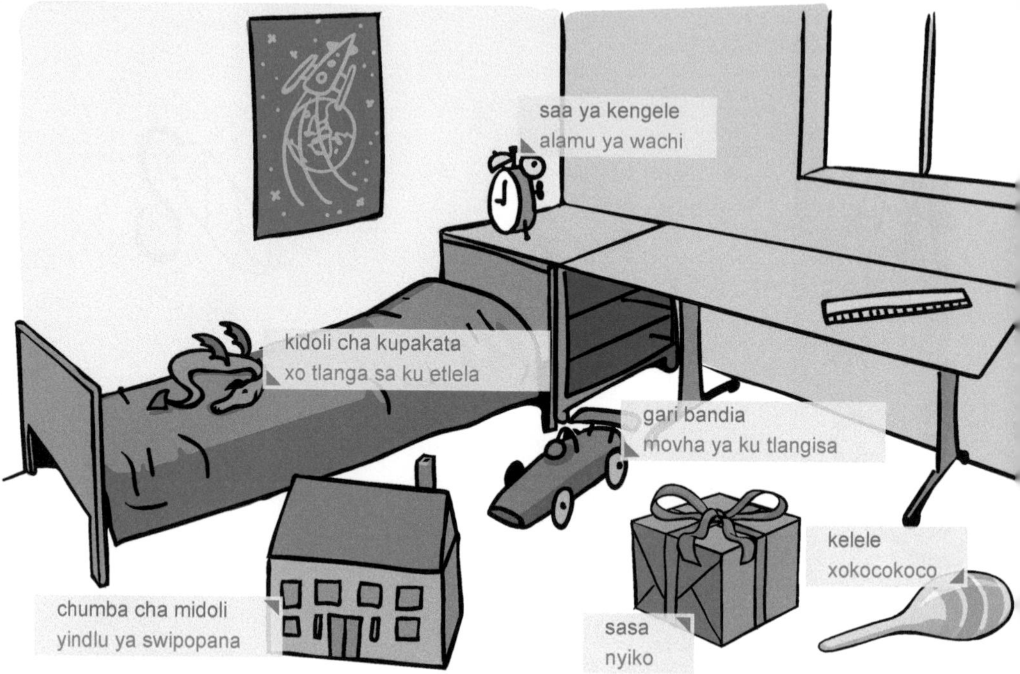

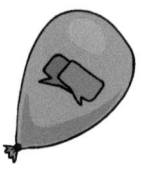

baluni

baluni

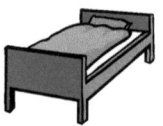

kitanda

mubedo

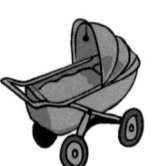

mashua

pureme

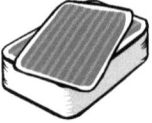

staha ya kadi

makhadi

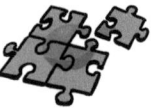

mchezo-fumb

jigsaw

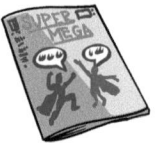

vichekesho

khomiki

matofali lego
switina swa lego

vitalu mwigo
swiaki

hatua takwimu
xo tlanga xa vana

suti ya kulalia
swiambalo swa nwana

kisahani
Frisbee

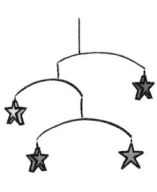

simu
mobile

ubao wa michezo
ntlango wa le bodweni

kete
dayisi

garimoshi mwigo
xitimela xo tlanga

dummy
xo tlangisa vana

chama
nkhuvo

picha kitabu
buku ya swifaniso

mpira
bolo

kikaragosi
xipopana

kucheza
tlanga

shimo la mchanga

khele ra sava

bembea

muchinginya

vitu bandia

swilo swo tlangisa

kiweko cha video ya mchezo

mintlango ya vhidiyo

baiskeli ya magurudumu

xithuthuthu xa mivhilwa manharhu matatu

mwanasesere

tibere to tlangisa

kabati

wadirobo

nguo

swiambalo

soksi

masokisi

stokingi

masokisi

kibano

buruku byo tlimba

skafu
xikhafu

mwavuli
ambulele

ukanda
bandhi

fulana
xikipa

wakufunzi
tintangu to tsutsuma

viatu
tintangu

ndara
maphashana

malapa
maphashana

viatu
tintangu

mabuti ya mpira
majombo ya raba

suruali ya ndani
maburuko ya le ndzeni

sidiria
bodi

fulana
xikipa xa le ndzeni

nguo - swiambalo

mwili
miri

suruali
maburuko

dangirizi
bokati

sketi
xiketi

blauzi
bulawusi

shati
hembe

vuta
jesi

sweta
jazi ro fingeneta nhloko

bleza
buleyizara

jaketi
baji

koti
nghuvo

koti la mvua
jazi rampfula

maleba
swiambalo

gauni
swiambalo

mavazi ya harusi
rhoko ya mucato

nguo - swiambalo

suti
sudu

vazi la usiku
xiambalo xo etlela

pajama
swi ambalo swo etlela

sari
sari

skafu
xikhafu

kilemba
duku

burka
burqa

kaftan
swi ambalo

abaya
abaya

vazi la kuogelea
swiambalo swo hlambela

vazi la kiume la kuogelea
maburuko ya le ndzeni

kaptura
buruku ro koma

teitei
tracksuit

aproni
fasikoti

glavu
maglilavhu

kifungo

kunupu

glasi

manghilazi ya mahlo

bangili

sindza

mkufu

vuhlalu

pete

xingwaxila

herini

vo sasekisa tindleve

kofia

kepisi

kiango cha koti

hangara ya nghuvo

kofia

xigqoko

tai

thayi

zipu

zipi

kofia

xihuku

kanda za suruali

minxongotelo

sare za shule

swiambalo swa xikolo

sare

yunifomo

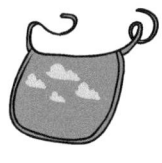

bibu

bibi

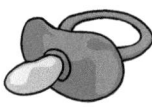

dummy

xo tlangisa vana

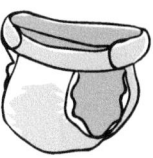

nepi

leyiri

ofisi
hofisi

seva
server
kabati la kuweka faili
khabodo yo beka tifayili
kichapishaji
muchini wa ku kandziyisa
karatasi
papila
kiwambo
xikirini
kipanya
mouse
dawati
tafola
folda
xilo xo veka swiphephana
kibodi
keyboard
cha kuweka karatasi chafu
a xo lahla maphepha
kiti
xitulo
kompyuta
khompyuta

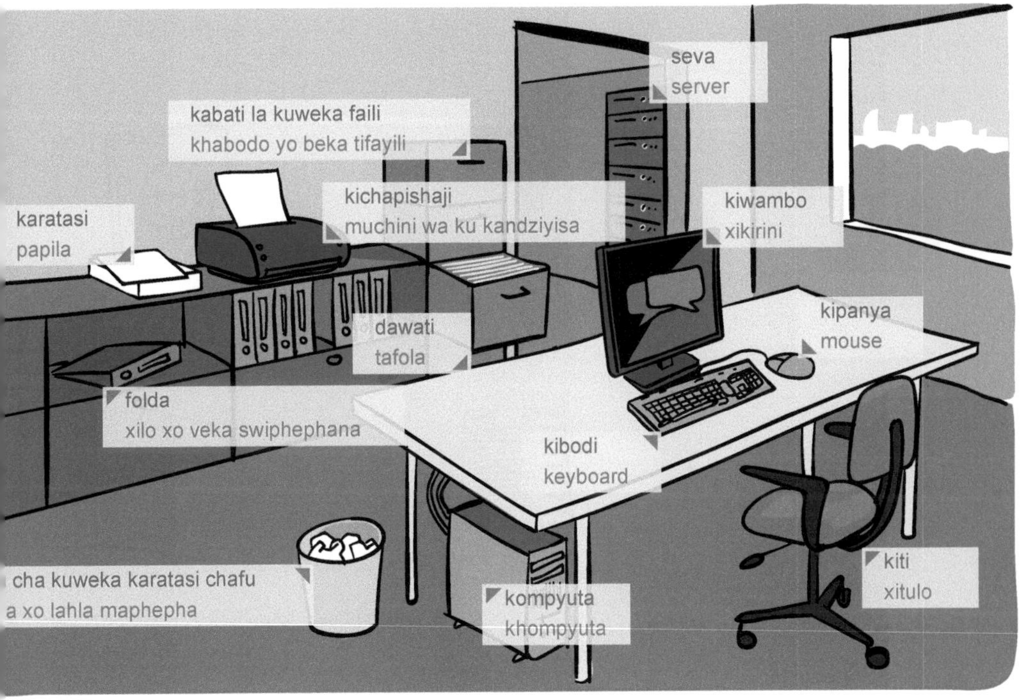

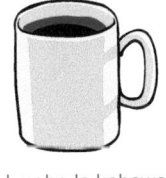

kmobe la kahawa

bikiri ra kofi

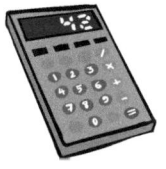

kikokotoo

muchini wo hlaya

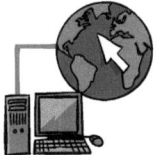

biashara

internet

mbali

laptop

barua

papila

ujumbe

rungula

rununu

foni

intaneti

network

fotokopia

muchini wo endla tikopi

programu

progreme ya khompyuta

simu

riqingho

soketi

pulagi ya gezi

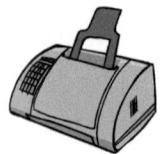

kipepesi

muchini wo rhumela rungula

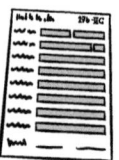

fomu

fomo

hati

papila

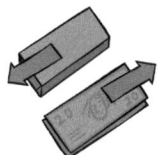

kununua

xava

kulipa

hakela

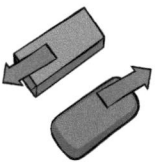

biashara

xavisa

fedha

mali

USD

dola

dolara

EUR

yuro

euro

JPY

yeni

yen

RUB

rouble

rouble

CHF

faranga ya Uswisi

Swiss franc

CNY

renminbi yuan

renminb yuan

INR

rupia

rupee

eneo la kulipia

muchini wa mali

ofisi ya ubadilishanaji

ndhawu yo cinca mali

dhahabu

nsuku

fedha

silivhere

mafuta

mafurha

nishati

matimba

bei

hakelo

mkataba

ntwanano

kodi

xibalo

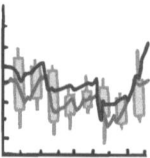

bidhaa

nundzu ya timali

kazi

tirha

mfanyakazi

mutirhi

mwajiri

mothorhi

kiwanda

fektri

duka

xitolo

afisa wa polisi
phorisa

mzimamoto
mutimi wa ndzilo

mpishi
musweki

daktari
dokodela

rubani
muhahisi

mtunza bustani
muhlayi wa ntanga

seremala
muvatli

mshonaji
murungi

hakimu
muavanyisi

mwanakemia
xitshunguri

muigizaji
mutlangi

dereva wa basi

muchaeri wa tibazi

dereva wa teksi

muchayeri wa thekisi

mvuvi

muphasi wa tinhlampfi

mwanamke wa kusafisha

wansati wa ku basisa

mwezekaji

mufuleri

mhudumu

muphameri

mwindaji

muhloti

mchoraji

mupendi

mwokaji

mubaki

umeme

mutivi wagezi

mjenzi

muaki

mhandisi

munjiniyara

mchinjaji

muxavisi wa nyama

fundi bomba

muplambara

mwanaposta

muheleketi wa poso

mwanajeshi

socha

msanifu majengo

mumpfampfarhuti

keshia

muamukeli wa timali

muuza maua

muxavisi wa swiluva

msusi

mululamisi wa misisi

kondakta

mufambisi

mekanika

unhu wo lungisa timovha

nahodha

mulawuri

daktari wa meno

dokotela wa matinho

mwanasayansi

mutivi wa sayensi

rabbi

mufundisi

imamu

murhangeri

mtawa

nghwendza

kasisi

mfundisi

kazi - mintirho

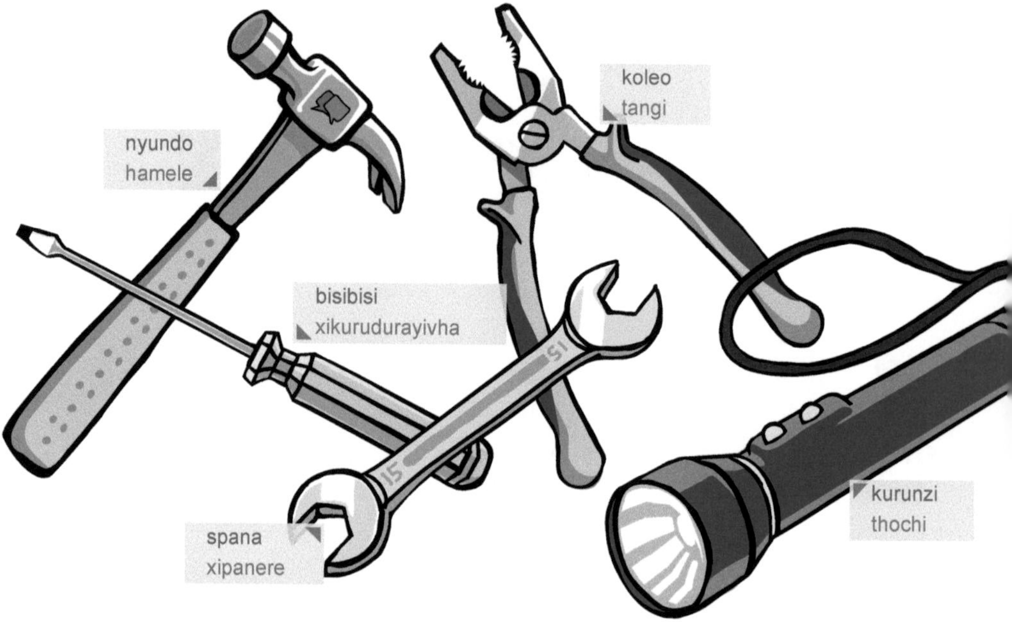

nyundo
hamele

koleo
tangi

bisibisi
xikurudurayivha

spana
xipanere

kurunzi
thochi

mchimbaji

muchini wo cela

sanduku la vifaa

bokisi ra switirhisiwa

ngazi

xitepisi

msumeno

saha

misumari

swipikiri

kuchimba visima

muchini wo boxa

kukarabati

lunghisa

sepetu

foxolo

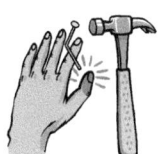

Lo!

Thyaka!

kishikio cha uchafu

chumu wo susa ritshuri

chungu cha rangi

mbita ya pende

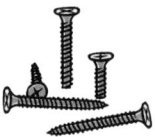

skurubu

bawuti

ala za muziki

swichayachayana

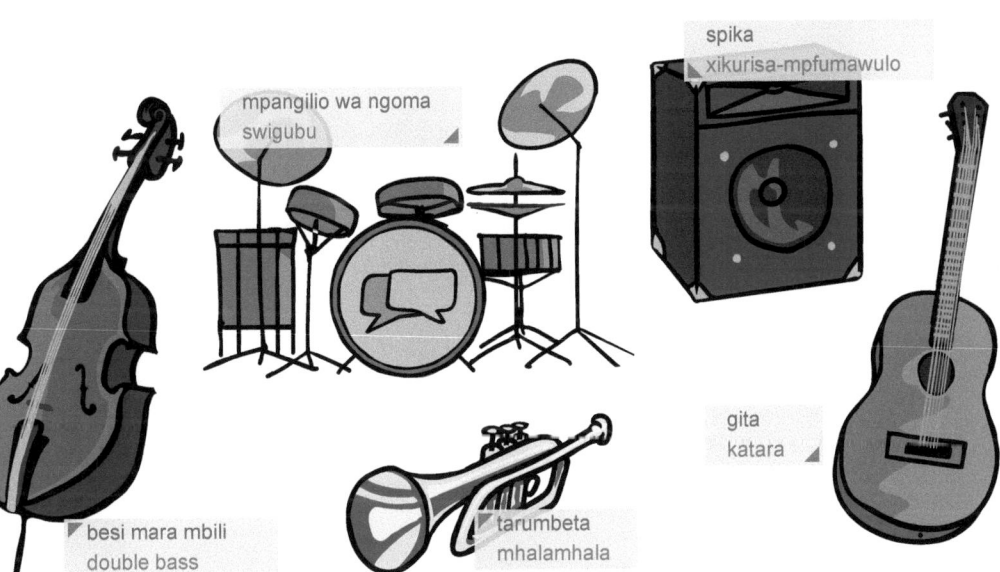

mpangilio wa ngoma
swigubu

spika
xikurisa-mpfumawulo

gita
katara

besi mara mbili
double bass

tarumbeta
mhalamhala

piano
piyano

fidla
violin

ubeji
bass

timpani
timpani

ngoma
xigubu

kibodi
keyboard

saksafoni
saxophone

filimbi
xitiringo

maikrofoni
xikurisa-marito

bustani ya wanyama
ntanga wa swiharhi

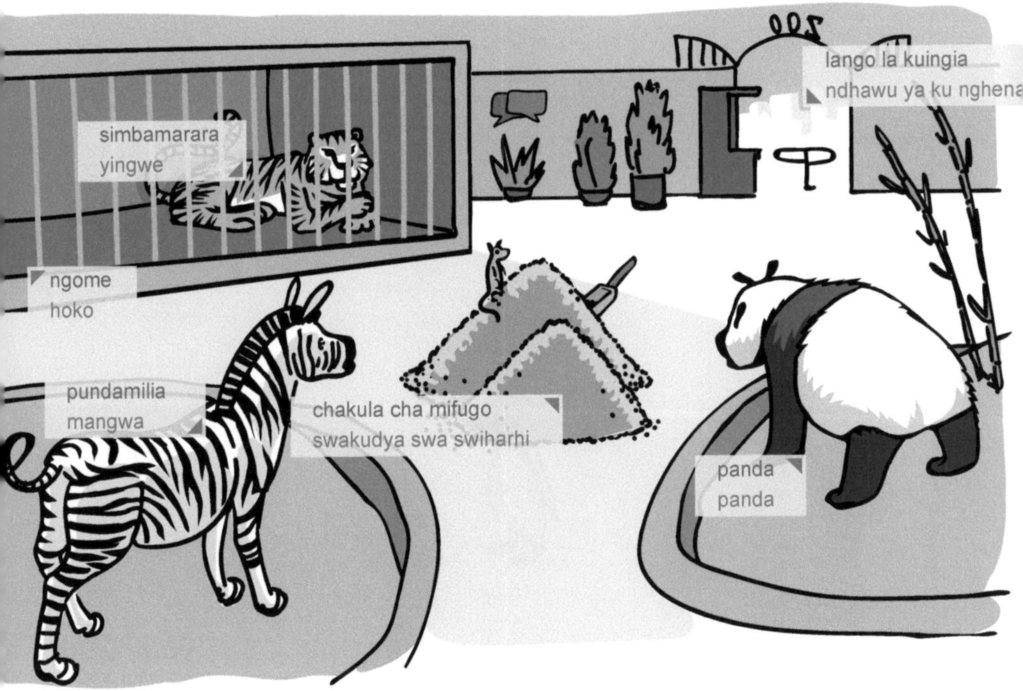

lango la kuingia
ndhawu ya ku nghena
simbamarara
yingwe
ngome
hoko
pundamilia
mangwa
chakula cha mifugo
swakudya swa swiharhi
panda
panda

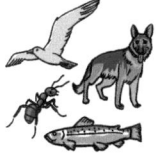

wanyama

swiharhi

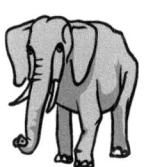

tembo

ndlopfu

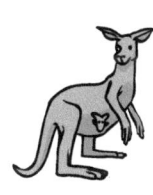

kangaruu

xinjhenghwe

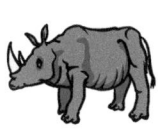

kifaru

mhelembe

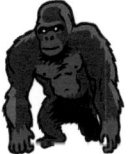

sokwe

gorila

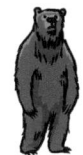

dubu

bere

ngamia
kamela

mbuni
yintsha

simba
nghala

tumbili
nkawu

heroe
flamingo

kasuku
hokwe

dubu
bere

penguini
penguin

papa
shaka

tausi
hanti

nyoka
nyoka

mamba
ngwenya

mtunza wanyama
muhlayisi wa mintanga ya
swiharhi

muhuri
seal

jaguar
jaguar

mwanafarasi

hanci

chui

yingwe

kiboko

mpfuvu

twiga

nhutlwa

tai

gama

nguruwe mwitu

ngluve ya nhova

samaki

hlampfi

kobe

mfutsu

sili

nyimpfu ya le lwandle

mbweha

mhungubye

paa

mhala

soka ya marekani
bolo ya le Amerika

uendeshaji baiskeli
kufamba hi xi kanyakanya

tenisi
tennis

mpira wa kikapu
basketball

kuogelea
kuhlambela

ndondi
ntlango wa ku bana

magongo ya barafuni
khororo ya le ayisini

soka
bolo

vinyoya
badminton

riadha
mintlango

mpira wa mikono
bolo ya mavoko

skii
kureta e gambokweni

polo
polo

kuruka
tlula

cheka
hleka

kumbatia
angara

kutembea
famba

kuimba
yimbelela

ota ndoto
lora

kuomba
khongela

busu
ntswontswa

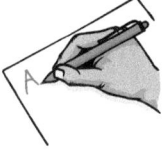

kuandika
tsala

kuteka
dirowa

angalia
komba

sukuma
dlidlimeta

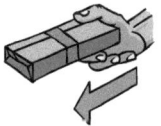

kutoa
nyika

kuchukua
teka

kuwa

yi va

fanya

endla

kuwa

ku va

kusimama

yima

kukimbia

tsutsuma

vuta

koka

kutupa

lahlela

kuanguka

wana

hadaa

hemba

kusubiri

rindza

kubeba

rhwala

kukaa

tshama

vaa nguo

ambala

usingizi

tlela

kuamka

pfuka

kuangalia

languta

lia

rila

kiharusi

bana

chana nywele

kama

ongea

vulavula

kuelewa

twisisa

kuuliza

vutisa

kusikiliza

yingisa

kunywa

nwana

kula

dyana

nadhifisha

basisa

upendo

randza

mpishi

sweka

gari

chayela

kuruka

haha

meli
tluta

kokotoa
hlaya

kusoma
hlaya

kujifunza
hlaya

kazi
tirha

kuoa
teka

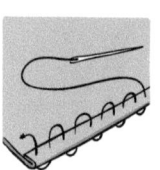

kushona
rhunga

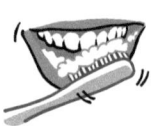

piga mswaki
kuhlamba meno

kuua
dlaya

moshi
dzaha

kutuma
rhumela

familia
ndyanghu

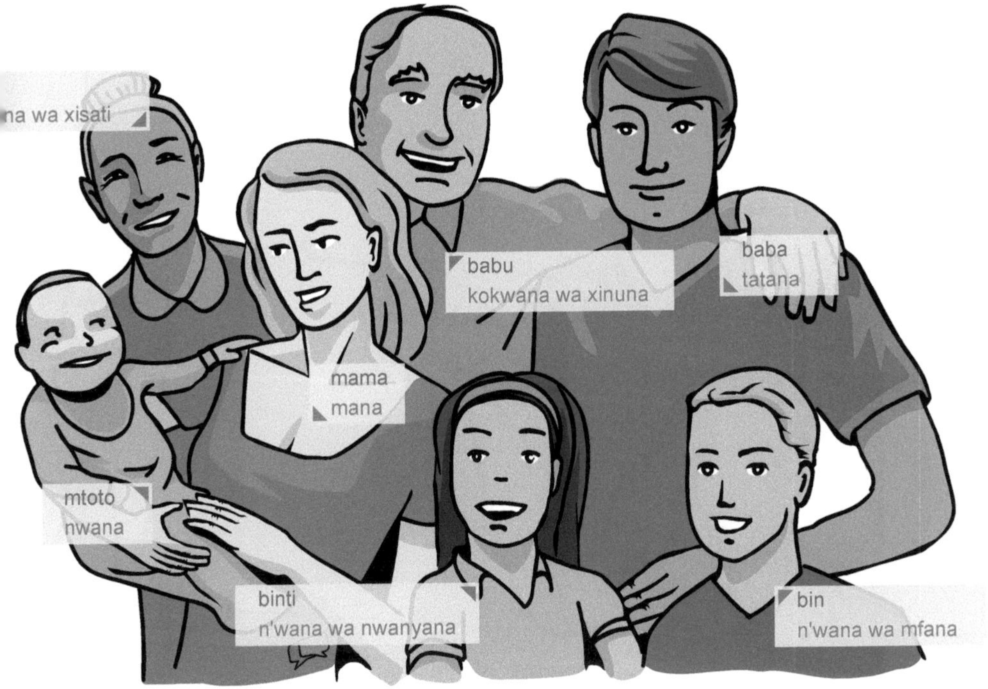

na wa xisati
babu
kokwana wa xinuna
baba
tatana
mama
mana
mtoto
nwana
binti
n'wana wa nwanyana
bin
n'wana wa mfana

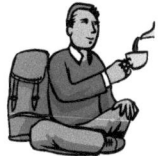

mgeni

muendzi

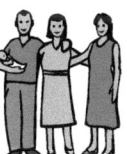

shangazi

hahani

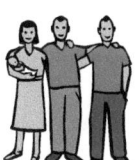

mjomba

malume

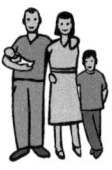

kaka

makwerhu

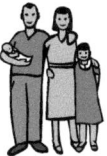

dada

makwrhu

mwili
miri

paji la uso
mombo
jicho
tihlo
bega
katla
kidole
ritiho
uso
xikandza
kidevu
xilebvu
mkono
voko
matiti
bele
mguu
nenge
mkono
voko

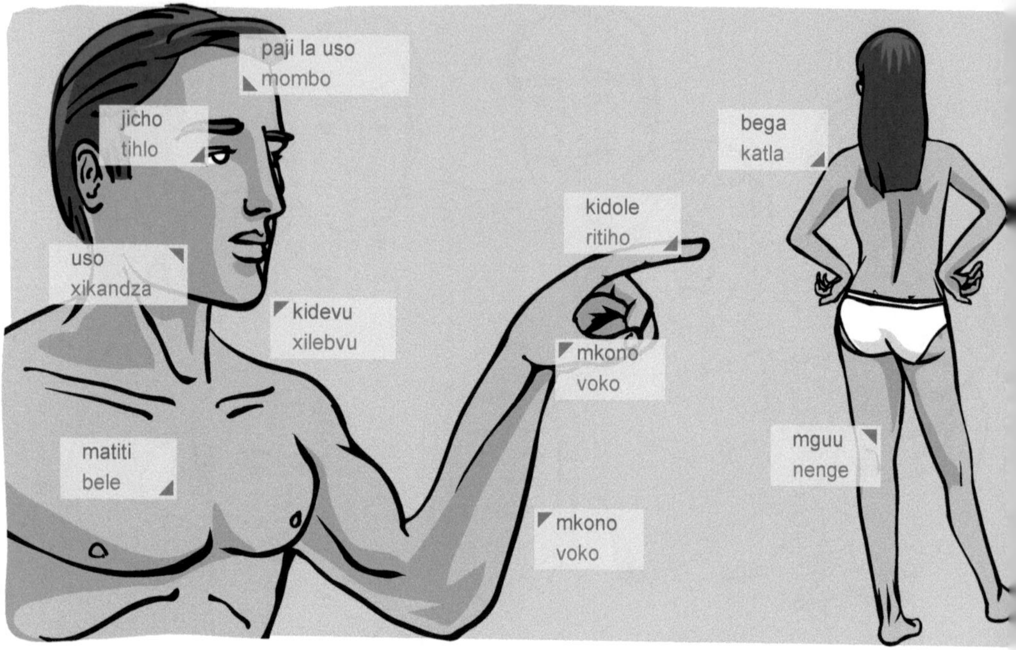

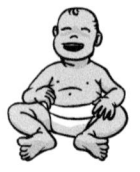

mtoto
nwana

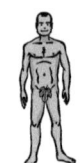

mwanamume
n'wanuna

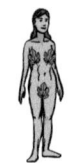

mwanamke
nw'ansati

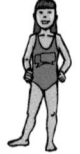

msichana
nhwanyana

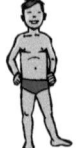

mvulana
mfana

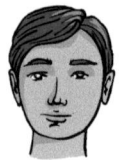

kichwa
nhloko

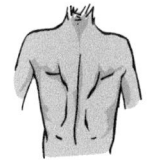

nyuma
nhlana

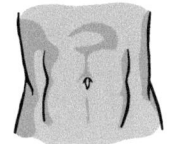

tumbo
khwiri

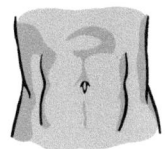

kitovu
nkava

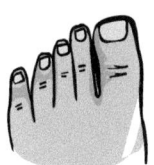

chano
xikunwani

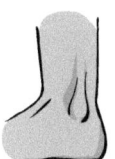

kisigino
xirhenze

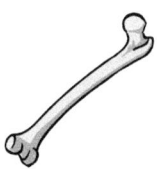

mfupa
rhambu

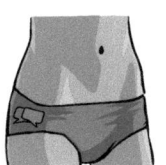

nyonga
nyonga

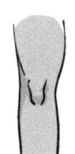

goti
tsolo

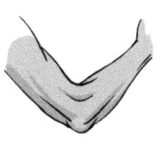

kiwiko
xikokola

pua
nompfu

chini
xisuti

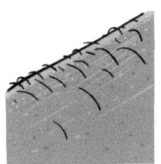

ngozi
nhlonge

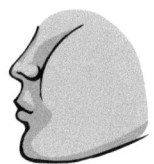

shavu
rhama

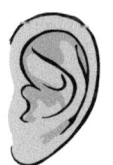

sikio
ndlebe

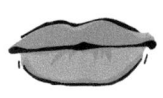

mdomo
nomu

kinywa
nomu

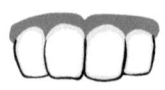

jino
tinyo

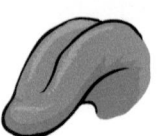

ulimi
ririmi

ubongo
byongo

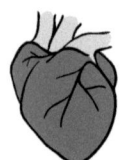

moyo
mbilu

misuli
nsiha

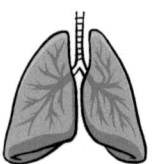

pafu
hahu

ini
vixindzi

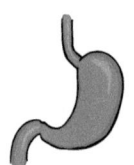

tumbo
khwiri

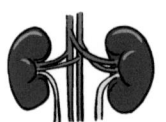

figo
tinso

jinsia
masangu

kondomu
khondomu

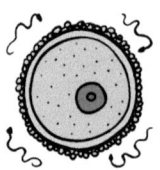

ovari
tandza

shahawa
mbewu ya vununa

mimba
nyimba

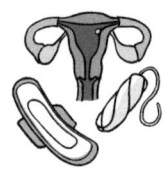

hedhi

kuya enkarhini

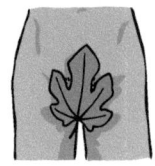

uke

muhocho

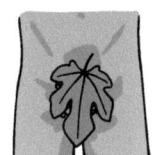

uume

xiluma

unyusi

tinxiyi

nywele

misisi

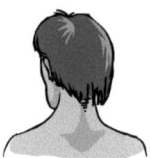

shingo

nhamu

hospitali
xibedlhele

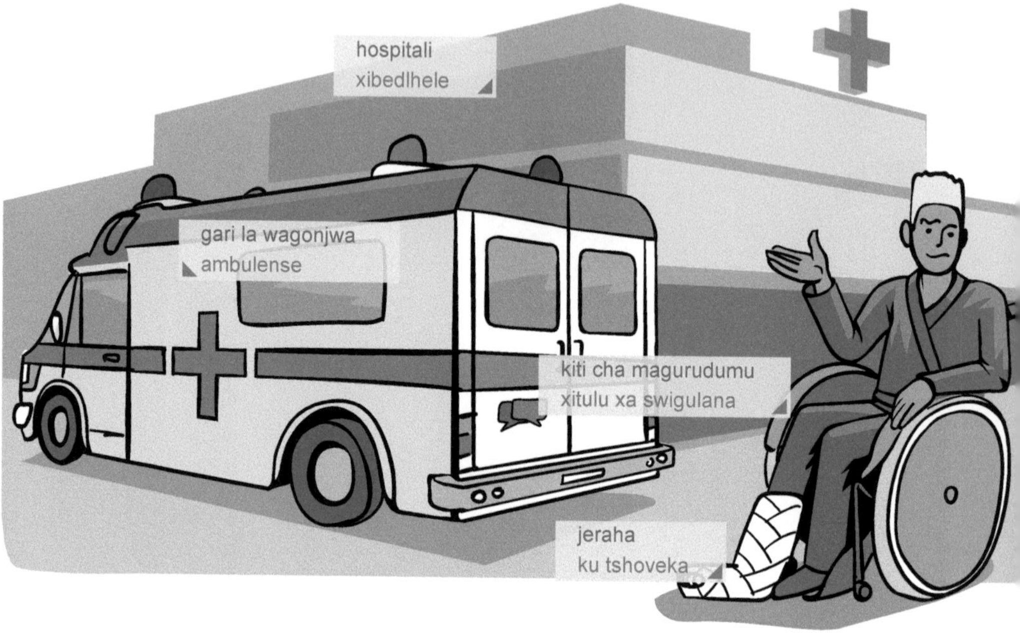

hospitali
xibedlhele
gari la wagonjwa
ambulense
kiti cha magurudumu
xitulu xa swigulana
jeraha
ku tshoveka

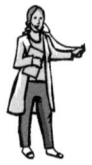

daktari
dokodela

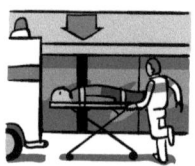

chumba cha dharura
kamara ra xilamulela-mhango

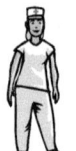

muuguzi
muongori

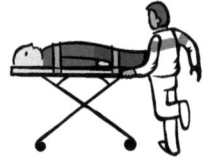

dharura
xihatla

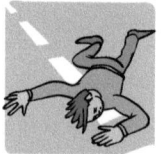

kupoteza fahamu
ku titivala

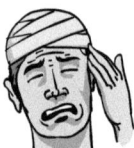

maumivu
kuvava

kuumia

ku vaviseka

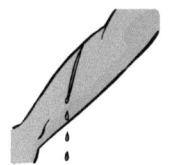

kutokwa na damu

mpfempfa ngati

mshtuko wa moyo

ku hlaseriwa himbilu

kiharusi

ku oma swirho

mzio

rinyenyo

kikohozi

khohlola

homa

xifumbu

mafua

mukhuhlwana

kuharisha

nchuluko

maumivu ya kichwa

ku pandza ka nhloko

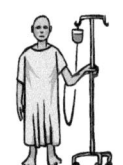

kansa

khensa

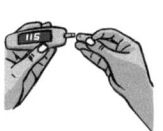

ugonjwa wa kisukari

chukela

daktari mpasuaji

dokodela

kisu kidoyo cha kupasulia

mukwana

operesheni

vuhandzuri

hospitali - xibedlhele

73

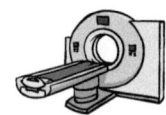

picha changanufu ya mwili

CT

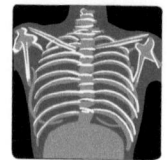

Eksrei

x-rheyi

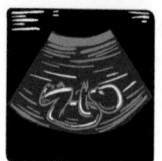

mawimbi sauti

muchini wo yingisela
ntshuka-ntshuko

barakoa ya uso

xo tipfala tinhomfu

ugonjwa

vuvabyi

chumba cha kusubiri

kamara ro rindza

mkongojo

nhonga

plasta

semendhe

bendeji

bandhichi

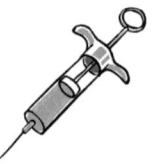

sindano

neleta

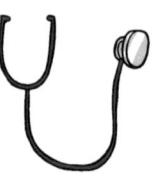

stetoskopu

muchini wa madokodela wa
ku yingisa

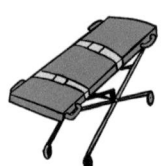

machela

rihlaka

kipimajoto cha kliniki

xipima-mahiselo

kuzaliwa

ku veleka

unene kupita kiasi

ku nyuhela

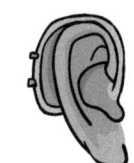

kusikia misaada

swipfuneta-ku-twa

kipukusi

khemikhale yo dlaya
switsongwatsongwana

maambukizi

switsongwatsongwana

virusi

xitsongwatsongwana

VVU / UKIMWI

HIV / AIDS

dawa

miri

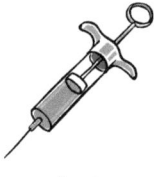

chanjo

nayiti

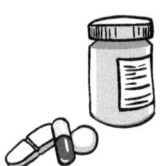

vidonge

maphilisi

kidonge

pilisi

simu ya dharura

riqingho ra xihatla

haemodainamometa

muchini wo kamba
nsusumeto wa ngati

mgonjwa / mwenye afya

vabya / hanya

Msaada!

Pfunani!

kengele

bele

pigo

ku hlaseriwa

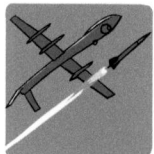

shambulizi

hlasela

hatari

khombo

lango la dharura

nyangwa wo huma loko ku ri ni mhango

Moto!

Ndzilo!

kizima moto

xo tima ndzilo

ajali

mhangu

vifaa vya huduma ya kwanza

bokisi ra xilamulela-mhango

wito wa msaada

SOS

polisi

phorisa

Ulaya

Yuropa

Amerika ya Kaskazini

Amerika N'walungu

Amerika ya Kusini

Amerika Dzonga

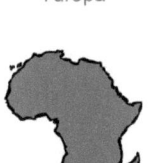

Afrika

Afrika

Asia

Asia

Australia

Australia

Atlantiki

Atlantic

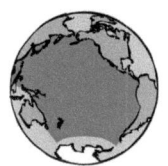

Pasifiki

Pacific

Bahari ya Hindi

Lwandle-nkulu ra Indiya

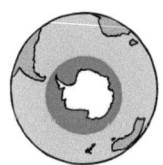

Bahari ya Antaktiki

wandle-nkulu ra Antarctic

Bahari ya Aktiki

Lwandle-nkulu ra Arctic

Ncha ya Kaskazini

North Pole

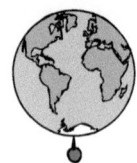

Ncha ya Kusini

South Pole

Antaktika

Antarctica

dunia

Misava

nchi

tiko

bahari

lwandle

kisiwa

xihlala

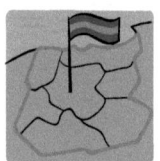

taifa

rixaka

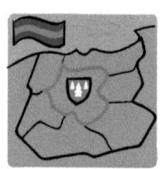

jimbo

tiko

uso wa saa

xikomba nkarhi

akrabu ya saa

xikomba-tiawara

akrabu ya dakika

xikomba-timineti

akrabu ya sekunde

xikomba-tisekoni

Ni saa ngapi?

I nkarhi muni?

siku

siku

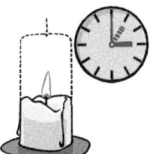

wakati

nkarhi

sasa

sweswi

saa ya dijitali

wachi leyi tshavatelaka

dakika

minete

saa

awara

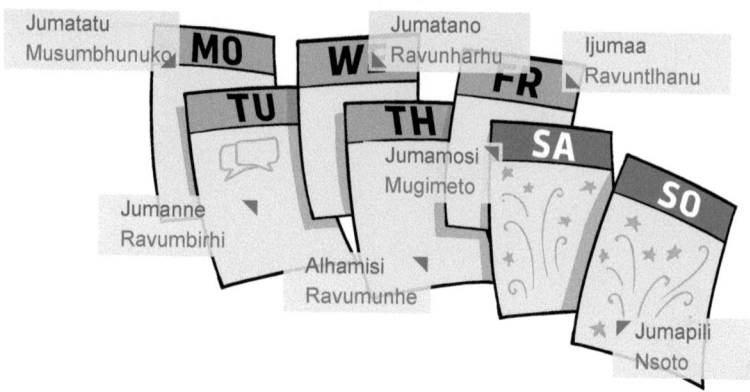

Jumatatu
Musumbhunuko

Jumatano
Ravunharhu

Ijumaa
Ravuntlhanu

MO

W

TU

TH

FR

SA

SO

Jumamosi
Mugimeto

Jumanne
Ravumbirhi

Alhamisi
Ravumunhe

Jumapili
Nsoto

jana

tolo

leo

namuntlha

kesho

mundzuku

asubuhi

mixo

saa sita mchana

nhlekani

jioni

madyambu

siku za biashara

masiku ya ntirho

mwishoni mwa wiki

mahelo vhiki

mwaka
lembe

mvua
mfpula
upinde wa mvua
nkwangulatilo
upepo
moya
theluji
gamboko
majira ya machipuko
xumun'wana
vuli
xixikana
kiangazi
ximumu
majira ya baridi
xixika

4.APRIL 11°
5.APRIL 4°
6.APRIL 13°
7.APRIL 8°
8.APRIL 10°

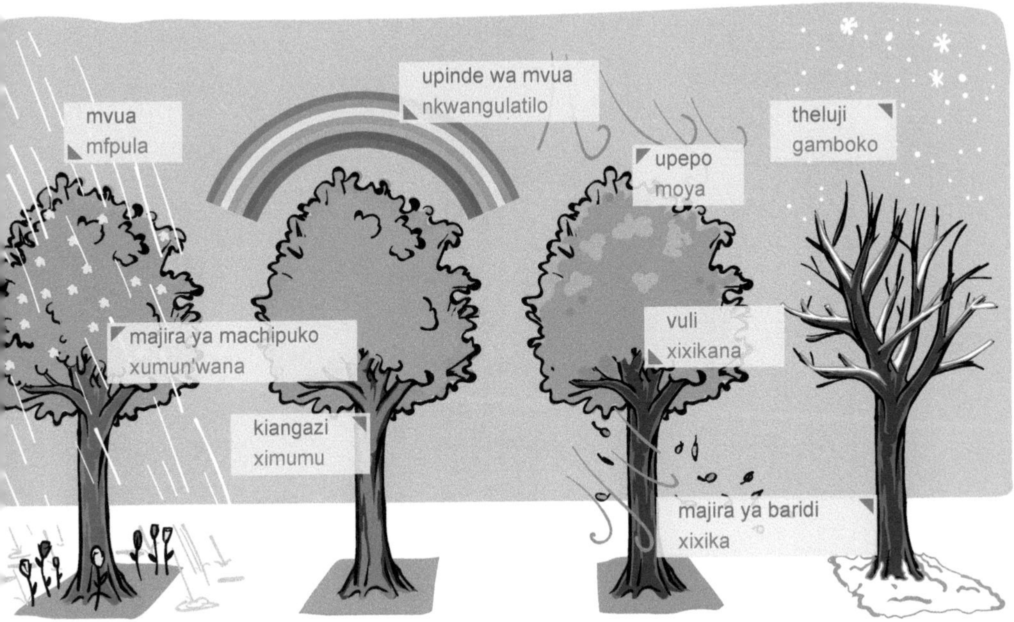

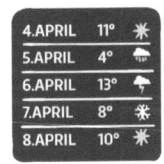

utabiri wa hali ya hewa
vumbha tamaxelo

F C
120 40
90 30
60 20
30 10
0 0
-30 -10
-20

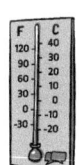

kipimajoto
xipima-mahiselo

mwanga wa jua
dyambu

wingu
papa

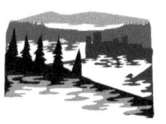

ukungu
hunguva

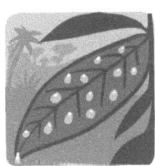

unyevu
kutsakama

umeme
rihati

radi
dzindza-tilo

dhoruba
xidzedze

mvua ya mawe
xihangu

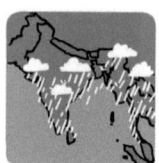

monsuni
mpfula

mafuriko
ndhambi

barafu
ayisi

Januari
Sunguti

Februari
Nyenyenyana

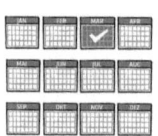

Machi
Nyenyankulu

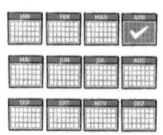

Aprili
Dzivamusoko

Mei
Mudyaxihi

Juni
Khotavuxika

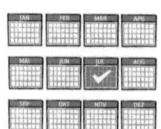

Julai
Mawuwani

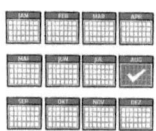

Agosti
Mhawuri

Septemba

Ndzhati

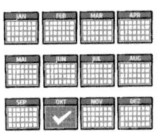

Oktoba

Nhlangula

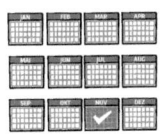

Novemba

Hukuri

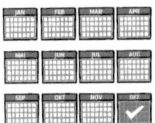

Desemba

N'wendzamhala

maumbo
swivumbeko

mduara

xirendzevutana

mraba

xikwere

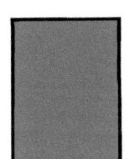

mstatili

matlhelo ya mune

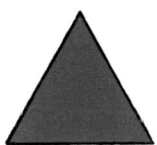

pembetatu

xivunguvungu xa tintlha
tinharhu

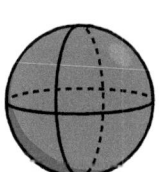

nyanja

bolo

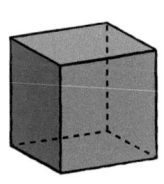

mchemraba

cube

nyeupe

basa

manjano

xitshopana

chungwa

lamula

rangi ya waridi

tshwukanyana

nyekundu

tshwuka

hudhurungi

xigunguvungu

bluu

wasi

kijani

rihlaza

hanja

buraweni

jivujivu

mpunga

nyeusi

ntima

mengi / kidogo

swo tala / swi tsongo

hasira / pole

hlundzukile / rhurile

nzuri / mbaya

sasekile / bihile

mwanzo / mwisho

masungulo / makumo

kubwa / ndogo

kulu / tsongo

angavu / giza

vangama / munyama

kaka / dada

buti / sesi

safi / chafu

basile / chakile

kamilika / tokamilika

helerile / helelangiki

siku / usiku

siku / vusiku

wafu / hai

file / hanyaka

pana / nyembamba

pfulekile / pfalekile

kulika / kutolika

swa dyiwa / a swi dyiwi

ovu / ema

homboloka / lunghile

sisimkwa / udhika

tsakile / phirekile

nene / nyembamba

nyuhela / lala

kwanza / mwisho

masungulo / makumo

rafiki / adui

mungana / nala

jaa / tupu

tele / hava

ngumu / laini

tiyile / olova

nzito / nyepesi

tika / vevuka

njaa / kiu

ndlala / torha

mgonjwa / mwenye afya

vabya / hanya

haramu / kisheria

swi ngariki enawini / enawini

akili / kijinga

tlharihile / xiphukuphuku

kushoto / kulia

ximati / xinene

karibu / mbali

akusuhi / kule

mpya / kutumika

yintshwa / tirhisiwile

kitu / jambo

hava / xin'wana

zee / changa

dyuharile / muntshwa

waka / zima

xarirha / xitimile

wazi / fungwa

pfurile / pfariwile

utulivu / kelele

myerile / huwa

tajiri / masikini

fuwile / xisiwana

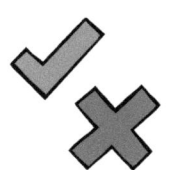

sahihi / kosa

swinene / bihile

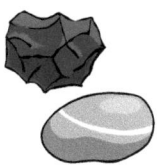

mbaya / laini

khwasha / reta

huzunika / furahia

vaviseka / tsaka

fupi /ndefu

koma / leha

polepole / haraka

hlwela / hatlisa

nyevu / kavu

tsakama / oma

joto / baridi

kufumela / titimela

vita / amani

nyimpi / kurhula

0

sufuri

noto

1

moja

n'we

2

mbili

mbirhi

3

tatu

nharhu

4

nne

mune

5

tano

ntlhanu

6

sita

ntsevu

7

saba

nkombo

8

nane

nhungu

9

tisa

nkaye

10

kumi

khume

11

kumi na moja

khume n'we

12

kumi na mbili

khume mbirhi

13

kumi na tatu

khume nharhu

14

kumi na nne

khume mune

15

kumi na tano

khume ntlhanu

16

kumi na sita

khume ntsevu

17

kumi na saba

khumbe nkombo

18

kumi na nane

khume nhungu

19

kumi na tisa

khume nkaye

20

ishirini

makhume mambirhi

100

mia

dzana

1.000

elfu

gidi

1.000.000

milioni

gidi ya magidi

Kiingereza

Xinghezi

Kiingereza cha Marekani

Xinghezi xa Amerika

Kimandarini cha Uchina

Xichayina xa Mandarin

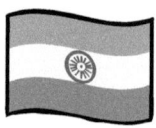

Kihindi

Xihindi

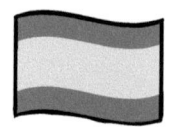

Kihispania

Xipaniya

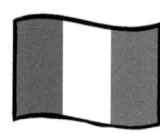

Kifaransa

Xifurwa

Kiarabu

Xiarabu

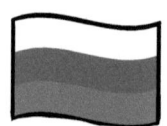

Kirusi

Xirhaxiya

Kireno

Xiputukezi

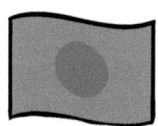

Kibengali

Xibengali

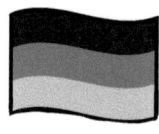

Kijerumani

Xijarimani

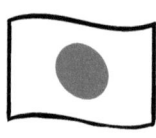

Kijapani

Xijapani

mimi
mina

wewe
wena

yeye / yeye / ni
yena / yena / xona

sisi
hina

wewe
n'wina

wao
vona

nani?
mani?

nini?
yini?

jinsi gani?
njhani?

wapi?
kwihi?

lini?
rhini?

jina
vito

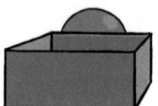

nyuma

endzaku

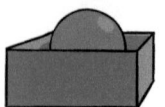

katika

ahehla

mbele ya

emahlweni a

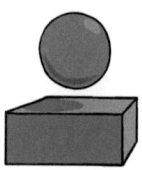

juu ya

ahenhla ka

kwenye

eka

chini ya

ehansi

kando

handle ka

kati

exikarhi ka

mahali

ndhawu